Milkshake-Shake アクティビティブック **できたね！シール**

よびシール

じぶんのすきな できたね！シールを つくろう

# Milkshake Shake
## アクティビティブック
### Activity Book

Written by
Patricia Daly Oe
Mari Nakamura

## はじめに

ウシの親子がミルクシェイクを作ります。ミルクにイチゴやチョコを混ぜながら、カップを上下左右に振って踊り、楽しくシェイクします。分かりやすいストーリー展開で繰り返しがあり、リズムに乗りやすく、身体を動かしながら英語を身につけられます。さらに、いろいろなアクティビティを通して、食べ物の名前やup、down、right、leftを学びましょう。

A mother cow makes milkshake with her children. The cows dance as they make and shake the milkshakes. Enjoy the rhythm of the story. Learn new words and enjoy the creative activities in this activity book.

# もくじ Table of contents

## ことばをまなぼう

### えじてん —— 4
**Picture dictionary**
絵本に出てくる単語を練習します。

### シールをはろう —— 6
**Fun with stickers**
同じものを探してシールを貼ります。

### さがそう —— 7
**Search for the pictures**
イラストを見て、絵を探します。

### なぞろう —— 8
**Trace pictures and letters**
絵本に出てくることばの文字と絵をなぞります。

### せんでむすぼう —— 9
**Connect with lines**
絵と英語を線で結びます。

### あたらしいことばをおぼえよう —— 10
**Learn more words**
シールを貼って、新しいことばに親しみます。

## かんがえよう

### なにかな？ —— 12
**What is it?**
色を塗り、かくれている絵を探します。

### なぞってみつけよう —— 13
**Track and find**
線をなぞって見つけます。

### なかまをさがそう —— 14
**Put into groups**
仲間分けをして絵を描きます。

### よくみてかこう —— 16
**Look around you**
身近な場所を観察して、絵を描きます。

## つくろう

### ぬりえをしよう —— 17
**Enjoy coloring**
好きな色で塗り絵をします。

### つくろう —— 18
**Create your own picture**
切って貼って、オリジナルの絵を作ります。

## あそぼう

### ごっこあそびをしよう —— 21
**Role-playing**
想像力をはたらかせて会話を楽しみます。

### ボードゲームをしよう —— 22
**Play a board game**
ボードゲームをみんなで楽しみます。

### カード —— 25
**Cards**
ゲームに使うこまやサイコロ、絵カード

### シール
**Stickers**
6ページ、10ページ、11ページ用のシールとできたね！シール

# アクティビティブックについて

このアクティビティブックは
絵本 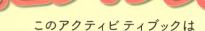（別売り）に対応しています。
アクティブ・ラーニングの概念に沿った「学ぶ」「考える」「創作する」「遊ぶ」の
4つのカテゴリーで英語力と思考力、クリエイティビティ、協調性を育みます。

This activity book is based on the picture book "Milkshake Shake".
The activities in the four active learning categories of "learning", "thinking", "creating" and "playing" foster abilities in English language, thinking, creativity and collaboration through observation, word puzzles, chants, stickers, simple crafts and games.

## ことばをまなぼう Let's Learn

絵本に出てくる単語や関連する新しいことばをチャンツ、シール貼り、線結びなどを通して学びます。ここで楽しく身につけた語彙力が次からの活動の基礎となります。

## かんがえよう Let's Think

仲間分けや身近な場所、身の回りを観察するアクティビティを通して思考力を養います。答えが決まっていない活動は、子どもの自主性や自由な発想も養います。

## つくろう Let's Create

色塗りやシンプルな工作に取り組み、出来上がったものを英語で表現します。その過程で子どもは、創意工夫する喜びや表現する楽しさを経験し、創造力を身につけていきます。

## あそぼう Let's Play

ごっこあそびやボードゲームを通して、想像力や協調性を養います。また、これまでに習った英語を遊びを通して使うことにより「英語ができる！」という自信を育みます。

## アクティビティブックの効果的な使い方

1. まず、対応の絵本、DVDでストーリーを楽しみましょう。そのあとにこのアクティビティブックに取り組むと、学習効果がアップします。

2. アクティビティは、一度にたくさん進めるよりも、少しずつ楽しみながら取り組んでいきましょう。上手にできたら できたね！シール を貼って、ほめてあげましょう。

3. このアクティビティブックの4～5ページ、10～11ページのチャンツは動画で楽しんで、繰り返し聞いて英語の音やリズムを体で覚えていきましょう。

### 指導者の方へ

教室では、一人一人の個性的な表現を尊重し、違いを認め合う雰囲気で活動を進めましょう。生徒が絵や作品について日本語で話した時は、それを英語に直して語りかけたり、その英語をリピートするように促したりして、英語を話せるように導きます。

### 保護者の方へ

絵本の世界を味わいながら、ゆったりとした気分で進めていきましょう。この本には、子どもの自由な表現を促す、答えが決まっていない活動も多く含まれています。 取り組みのヒントを参考に、子どもと一緒に伸び伸びと英語の探索を楽しみましょう。

# えじてん
**Picture dictionary**

チャンツのリズムにのって、たんごをいいましょう。
Chant the words.

えじてんのえカード（p.27-29）であそびましょう。
Play with the picture cards on pages twenty-seven to twenty-nine.

♪ スマートフォンをかざして
チャンツをききましょう
Listen to the chant with a smart phone.

できたね！
シール
sticker

1. lake
2. farm
3. cow
4. milkshake
5. strawberry
6. blueberry
7. breakfast
8. chocolate
9. melon

ことばをまなぼう **Let's Learn**

10 shake
11 mix
12 up
13 left
14 right
15 down
16 mouth

取り組みのヒント **Learning Tips**

チャンツを聴き、絵を指さしながら単語をリピートしましょう。音声を再生できない場合には、単語を読んであげてください。アクティビティをする前にチャンツの練習をすると、楽しみながら身につけることができます。また、27〜29ページの絵カードを使って仲間探しをしたり、裏返して「○○○カードはどれでしょう」とクイズをしたり、メモリーゲームをしたり、いろいろなアクティビティを楽しめます。

Children listen to the chant, look for the pictures and repeat the words. If you cannot listen to the audio, please read the words to the children. Learning will be fun if you repeat the chant each time before doing the activities. By using the picture cards on pages 27 to 29, you can enjoy activities like memory games and quizzes. (For example, pick up the card with the word ○○○.)

# シールをはろう
**Fun with stickers**

おなじミルクシェイクのシールをさがしてはりましょう。
Find and place the stickers.

できたね！
シール
**sticker**

**取り組みのヒント** Learning Tips

シールを貼る時には、一緒に英語を言ってみましょう。
Say the words together as children put the stickers in place.

ことばをまなぼう **Let's Learn**

# さがそう
Search for the pictures

ウシたちのミルクシェイクはどれかな？
したのえをみて、コップのなかのミルクシェイクにいろをぬりましょう。
Which milkshake?
Look at the picture below. Color the milkshakes.

できたね！
シール
sticker

**取り組みのヒント** Learning Tips
絵をよく見て、それぞれのウシが持っているミルクシェイクに色を塗りましょう。
Children look carefully at the picture and color in the milkshake that each cow is holding.

7

## なぞろう
Trace pictures and letters

えいごをいってなぞりましょう。
Say the words and trace.

できたね！
シール
sticker

mix

cow

shake

なぞる

**取り組みのヒント** Learning Tips
なぞる前となぞった後に、英語を言ってみましょう。
Say the words in English before and after tracing them.

ことばをまなぼう **Let's Learn**

# せんでむすぼう
Connect with lines

えとえいごをせんでむすびましょう。
Connect the picture with the word.

------ ✎ なぞる

できたね！
シール
sticker

## left　up　right　down

1

2

3

4

**取り組みのヒント** Learning Tips

英語を読めない子どもには、読んであげましょう。
Please read the words to children who cannot read.

9

# あたらしいことばを おぼえよう
Learn more words

あたらしい ことばの スマートフォンをかざして チャンツをききましょう
Listen to the chant with a smart phone.

できたね! シール
sticker

ほかにどんなことばがあるかな?
シールをはって、えカード(p.27-31)であそびましょう。
Find and place the stickers. Play a game with the picture cards on pages twenty-seven to thirty-one.

cow

pig

sheep

breakfast

lunch

dinner

lake

sea

river

ことばをまなぼう **Let's Learn**

**strawberry**　　**banana**　　**orange**

**chocolate**　　**cake**　　**ice cream**

**mouth**　　**eye**　　**ear**

取り組みのヒント **Learning Tips**

絵本に出てこない身近なことばを練習してみましょう。それぞれどんな仲間でしょうか。新しい単語はチャンツで聴くことができます。27〜31ページに絵カードがありますので、一人が単語を言って、もう一人がカードを取るような遊びをしてみましょう。

Let's practice some other words related to the words in the story. How are they connected? You can listen to the chants for pronunciation. You can use the picture cards on pages 27 to 31 to play a simple game where one person says a word and the other person finds the matching card.

# なにかな？
### What is it?

**A** に ちゃいろ、**B** に みどり、**C** に ピンク をぬりましょう。
なにのえがでてくるかな？
A= brown  B＝green  C＝pink
What is the picture?

できたね！
シール
sticker

**A** = brown  **B** = green  **C** = pink

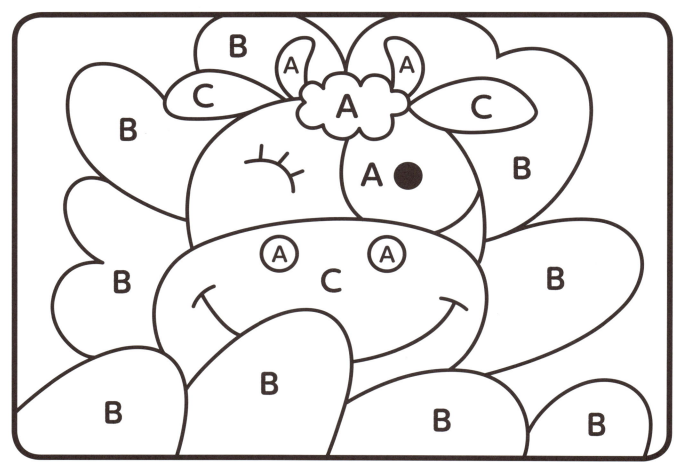

取り組み
のヒント
Learning Tips

指示通りに色を塗ると絵が出てきます。絵が出てきたら一緒に英語を言ってみましょう。
When the parts of the picture are colored in as indicated, a picture is revealed. Say what it is together.

12

かんがえよう **Let's Think**

# なぞってみつけよう
Track and find

ウシたちがながいストローでミルクシェイクをのんでいます。
みんなのストローは、どのミルクシェイクにとどくでしょうか？
ストローをなぞってみつけましょう。
Help the cows find the right milkshake.

できたね！
シール
sticker

**取り組みのヒント** Learning Tips

線なぞりに慣れていない場合は、まず指でなぞってから、ストローをなぞりましょう。
Children who are not used to tracking activities should track the way with their finger first. After that, tell them to draw the line.

# なかまをさがそう
Put into groups

えをゆびさしてえいごをいってみましょう。
Point and say the words.

じょうずにいえたら、くだもののことばとどうぶつのことばにわけて
みぎのページにえをかきましょう。
Draw the pictures on the next page.

pig

sheep

blueberry

banana

orange

strawberry

melon

cow

かんがえよう **Let's Think**

えをかくときは、
ひだりのページと
おなじじゃなくてもいいよ！
じゅうにかいてね！

できたね！
シール
**sticker**

● くだもの
Fruit

---

● どうぶつ
Animals

**取り組みのヒント** **Learning Tips**

論理的思考を養うアクティビティです。絵は左のページと違っても構いません。例えば、メロンについては丸ごとメロンやスライス、ミルクシェイクの味を表現するかもしれません。子どもの自由な表現を尊重しましょう。

This is an activity in logical thinking. It doesn't matter if the picture differs from page 14. For example, melon can be a whole melon, a slice of melon, or the flavor of a milkshake. It is important to respect the child's free expression.

# よくみてかこう
**Look around you**

おうちやちかくのおみせでみつけたくだもののなかから、
じぶんのすきなくだもののえをかきましょう。
What fruit do you like? Draw the fruit.

できたね！
シール
sticker

**取り組みのヒント** Learning Tips

観察力を高めるアクティビティです。一緒に買い物をする時、いろいろな果物を探しましょう。絵はお家に帰ってから、思い出しながら描きましょう。

This activity enhances observation skills. When shopping, search for various kind of fruit. Draw the pictures by remembering the items after coming home.

つくろう **Let's Create**

# ぬりえをしよう
Enjoy coloring

すきないろでぬりましょう。
Color the picture.

できたね！
シール
sticker

 取り組みのヒント Learning Tips 　色を塗ったら、英語で言えるものを一緒に探して言ってみましょう。
After children have colored in the picture, search for words together that they can say in English.

17

# つくろう
Create your own picture

どんなえができるかな？ きってはりましょう。
What scene can you make with the pictures? Cut and paste.

できたね！
シール
sticker

**取り組みのヒント** Learning Tips

19ページの絵を切り離して、このページに並べて貼って、自分の好きな場面を作りましょう。英語で言えるものがあれば、一緒に英語を言ってみましょう。

After cutting out the items on page 19, have children make their own pictures by arranging the items on this page. If they can say the words for the items in English, say the words together.

あそぼう **Let's Play**

# ごっこあそびをしよう
Role-playing

えをみてまねをしましょう。
Look at the pictures and practice.

できたね！
シール
sticker

**取り組みのヒント** Learning Tips

Take one.（ひとつ、どうぞ。）を使って、身近な場面で使ってみましょう。美味しいものを食べる時、Yummy! も生活の中で使えるといいですね。

Use the expression "Take one." in everyday situations. When eating something tasty, say "Yummy!" in daily life.

21

# ボードゲームをしよう
Play a board game

ミルクシェイクレース
Milkshake race.

ミルクシェイクパーティーにいくすごろくゲームです。
- じゅんばんにサイコロをふって、サイコロのかずだけすすみます。
- ミルクシェイクのえのマスにとまったら "Milkshake! Milkshake! Milkshake shake!" といって、もういちどサイコロをふることができます。
- ミルクシェイクのえいがいのマスにとまったら、そのえをえいごでいいます。
- いちばんはやくミルクシェイクパーティーにたどりついたひとがかちです！

あそぼう **Let's Play**

- Roll the dice in turn. Go forward the number of spaces shown on the dice.
- When you land on a space showing a milkshake, say "Milkshake! Milkshake! Milkshake shake!" and roll the dice again.
- If you land on a space showing a picture that is not a milkshake, such as ice cream or an animal, you just say that word but don't get an extra turn.
- The goal is the milkshake party!

## ●著者紹介

### Patricia Daly Oe（大江 パトリシア）

イギリス、ケント州出身。日本の英語教育に従事するかたわら、数多くの紙芝居と絵本を創作。著書に『Peter the Lonely Pineapple』『Blue Mouse, Yellow Mouse』『Lily and the Moon』などがある。英会話を教えていて、英語の先生のためのワークショップを開催しながら、ナレーションの活動や子供のイベントなどもしている。

Patricia Daly Oe is a British picture book author and teacher who also enjoys giving presentations, and holding events for children.

公式ホームページ ● http://www.patricia-oe.com

### 中村 麻里

金沢市にて英会話教室イングリッシュ・スクエアを主宰。幼児から高校生の英語指導にあたるかたわら英語教材、絵本の執筆、全国での講演にたずさわり、主体性や表現力など21世紀型スキルを伸ばす指導法の普及につとめている。イギリス・アストン大学TEYL（Teaching English to Young Learners）学科修士課程修了。2013年 JALT 学会 Best of JALT（ベスト・プレゼンター賞）受賞。

Mari Nakamura is a school owner, teacher trainer and ELT materials writer who loves good stories and playing with children.

公式ホームページ ● http://www.crossroad.jp/es/

---

## Milkshake-Shake
## アクティビティブック

| 発行日 | 2017年9月27日　初版第1刷 |
|---|---|
| | 2023年1月20日　第二版第1刷 |

| | |
|---|---|
| 執　筆 | Patricia Daly Oe / Mari Nakamura |
| イラスト | イケベ ヨシアキ |
| デザイン | 柿沼 みさと、島田 絵里子 |
| 協　力 | mpi English School 本部校 |
| 英文校正 | Glenn McDougall |
| 編　集 | 株式会社 カルチャー・プロ |
| 音　楽 | 株式会社 Jailhouse Music |
| プロデュース | 橋本 寛 |
| 録　音 | 株式会社 パワーハウス |
| ナレーション | Rumiko Varnes |
| 印　刷 | シナノ印刷株式会社 |
| 発　行 | 株式会社 mpi 松香フォニックス |
| | 〒151-0053 |
| | 東京都渋谷区代々木2-16-2第二甲田ビル2F |
| | fax 03-5302-1652 |
| | URL https://www.mpi-j.co.jp |

不許複製 All rights reserved.
©2017 mpi Matsuka Phonics inc.
ISBN978-4-89643-693-8

[ 22〜23ページ ボードゲーム ]　　ウシのかぞくのこま、サイコロをきりはなしましょう。

- こま
  markers

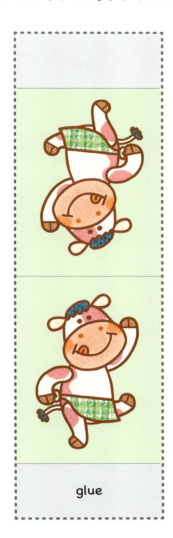

- - - - - ✂ cut きる
　　　　　　glue のり
　　　　　　fold やまおり

- サイコロ
  dice

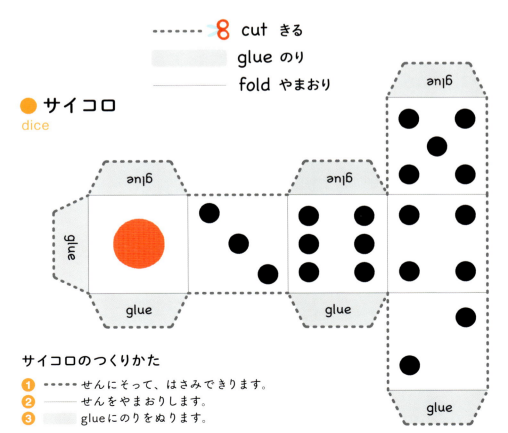
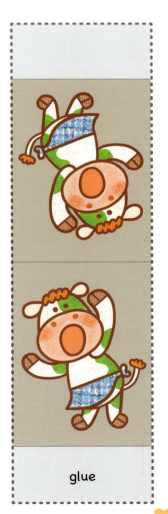

サイコロのつくりかた
1. - - - - - せんにそって、はさみできります。
2. ──── せんをやまおりします。
3. 　　　 glueにのりをぬります。

25

river banana orange

cake ice cream eye

ear